BEI GRIN MACHT SICH IHR WISSEN BEZAHLT

- Wir veröffentlichen Ihre Hausarbeit,
  Bachelor- und Masterarbeit

- Ihr eigenes eBook und Buch -
  weltweit in allen wichtigen Shops

- Verdienen Sie an jedem Verkauf

Jetzt bei www.GRIN.com hochladen und kostenlos publizieren

Bibliografische Information der Deutschen Nationalbibliothek:

Die Deutsche Bibliothek verzeichnet diese Publikation in der Deutschen National-
bibliografie; detaillierte bibliografische Daten sind im Internet über http://dnb.d-
nb.de/ abrufbar.

Impressum:

Copyright © 2017 GRIN Verlag
Druck und Bindung: Books on Demand GmbH, Norderstedt Germany
ISBN: 9783346179760

Dieses Buch bei GRIN:

https://www.grin.com/document/595954

Samantha Josephine Knaf

Modelle der Persönlichkeitsstörung. Was verstehen wir unter der Borderline-Persönlichkeitsstörung und dem lexikalischen Ansatz und wie wird Intelligenz gemessen?

GRIN Verlag

GRIN - Your knowledge has value

Der GRIN Verlag publiziert seit 1998 wissenschaftliche Arbeiten von Studenten, Hochschullehrern und anderen Akademikern als eBook und gedrucktes Buch. Die Verlagswebsite www.grin.com ist die ideale Plattform zur Veröffentlichung von Hausarbeiten, Abschlussarbeiten, wissenschaftlichen Aufsätzen, Dissertationen und Fachbüchern.

Besuchen Sie uns im Internet:

http://www.grin.com/

http://www.facebook.com/grincom

http://www.twitter.com/grin_com

Einsendeaufgabe

Persönlichkeitspsychologie

Aufgabe D

Aufgabenkatalog 01.01.2017 – 31.12.2017

SRH Fernhochschule Riedlingen

Modul:	Persönlichkeitspsychologie
Studiengang:	Prävention und Gesundheitspsychologie

Von	Samantha Josephine Knaf

Matrikelnummer:	Prävention und Gesundheitspsychologie

Inhaltsverzeichnis

Tabellenverzeichnis

4

Abbildungsverzeichnis

Aufgabe D1

Was verstehen wir unter einer Borderline-Persönlichkeitsstörung und wie lassen sich Persönlichkeitsstörungen klassifizieren?

Bei der Klassifikation von Persönlichkeitsstörungen wird auf zwei Systeme zurückgegriffen. Zum einen die ICD und zum anderen das DSM. ICD oder auch Internationale Statistische Klassifikation der Krankheiten und Gesundheitsprobleme wird vor allem in der Praxis häufig genutzt und wurde von der Weltgesundheitsorganisation (WHO) erlassen. Krankenkassen oder auch Therapeuten und Ärzte nutzen dieses System als ICD-10. Im theoretischen und wissenschaftlichen Bezug wird jedoch eher auf das DSM, das Diagnostische und Statistische Manual Psychischer Störungen, zurückgegriffen. Dieses liegt mittlerweile in 4. Auflage vor und beinhaltet wissenschaftlich belegte diagnostische und klar formulierte Kriterien.[1] Das DMS unterscheidet fünf Achsen der psychischen Störungen.

Achse 1	Klinische Störungen
Achse 2	Persönlichkeitsstörungen und geistige Behinderung
Achse 3	Körperliche Störungen und Zustände
Achse 4	Psychosoziale Belastungsfaktoren
Achse 5	Höchstes Niveau der sozialen Anpassung im letzten Jahr

Tabelle 1: Achsen psychischer Störungen
(eigene Darstellung)

Diese Achsen ermöglichen es, eine multiaxiale Einordnung vorzunehmen und ein komplexes Bild zu erhalten. Persönlichkeitsstörungen sind im DMS in Achse zwei hinterlegt. Diese sind zusätzlich noch einmal in drei Cluster unterteilt,

---

[1] Vgl. Asendorpf, J.B./Neyer, F.J.: 2012, S. 115.

welche die Störungen inhaltlich gruppiert und ähnliche Erkrankungen zusammenfasst. [2] Es werden folgende Persönlichkeitsstile unterschieden:

Cluster 1	Exzentrisch, sonderbar
Cluster 2	Dramatisch, emotional, launisch
Cluster 3	Ängstlich, furchtsam

Tabelle 2: Persönlichkeitsstile
(eigene Darstellung nach Ecker, W.: 2008, S.524 f.)

Die Borderline-Persönlichkeitsstörung ist Cluster zwei zuzuordnen und zeichnet sich unter anderem durch Spontanität und Sprunghaftigkeit aus.[3] Um von einer Persönlichkeitsstörung sprechen zu können, müssen bestimmte Kriterien beim Patienten erfüllt werden und sich in mehreren Bereichen des Lebens bemerkbar machen. Typische Bereiche sind hierbei zum Beispiel: Impulskontrolle, Emotionen beziehungsweise affektives Verhalten, Gedanken und Wahrnehmung und die Interaktion mit Dritten. Dieses abweichende Muster muss dabei in zahlreichen Situationen und flexibel und andauernd sein und das Leben in individueller, gesellschaftlicher und beruflicher Sicht beeinträchtigen. Dieses Muster währt dabei über einen langen Zeitraum an und ist weder einer anderen psychischen Störung zuzuordnen, noch das Ergebnis psychoaktiv wirkender Stoffe. Betrachtet man Cluster zwei genauer, findet man vor allem Erkrankungen, welche dramatisch, abirrend und erratisch sind.[4]

Im ICD-10 findet man die Borderline-Persönlichkeitsstörung unter den emotional instabilen Persönlichkeitsstörungen. Um laut ICD-10 die Diagnose Persönlichkeitsstörung stellen zu können, müssen gleichzeitig allgemeine und auch störungsspezifische Kriterien erfüllt werden. Nachfolgend werden die allgemeinen Kriterien tabellarisch dargestellt.

---

[2] Vgl. Maltby et al.: 2011, S. 815
[3] Vgl. Ecker, W.: 2008, S. 524 f.
[4] Vgl. Laux, L.: 2008, S. 215

G1	innere Erfahrungs- und Verhaltensmuster weichen dauerhaft von Norm ab, Äußerung in folgenden Bereichen: Kognition, Affektivität, Impulskotrolle, zwischenmenschliche Beziehung
G2	abweichendes Verhalten resultiert unflexibel, unangepasst und unzweckmäßig
G3	-> persönlicher Leidensdruck und nachteiliger Einfluss soziale Umwelt
G4	abweichung stabial, von langer Dauer und ab spätem Kindesalter/Beginn Adoleszenz
G5	nicht anderweitig erklärbar
G6	keine organische Ursache

Tabelle 3: Kriterien für Persönlichkeitsstörungen nach ICD-10
(Darstellung nach Berking/Rief, 2012, S. 164)

Insgesamt gibt es 10 verschiedene Kategorien der Persönlichkeitsstörung:

F60.0   Paranoide Persönlichkeitsstörung

F60.1   Schizoide Persönlichkeitsstörung

F60.2   Dissoziale Persönlichkeitsstörung

F60.3   Emotional instabile Persönlichkeitsstörung

F60.4   Histroinische Persönlichkeitsstörung

F60.5   Anankastische [zwanghafte] Persönlichkeitsstörung

F60.6   Ängstliche (vermeidende) Persönlichkeitsstörung

F60.7   Abhängige (asthenische) Persönlichkeitsstörung

F60.8   Sonstige spezifische Persönlichkeitsstörungen

F61   Kombinierte und andere Persönlichkeitsstörungen

Die Boderline-Persönlichkeitsstörung fällt unter F60.3. Hierbei unterscheidet man zwei Gruppen. F60.30 impulsiver Typus und F60.31 Borderline-Typus. [5]
Die Borderline-Persönlichkeitsstörung zeichnet sich vor allem durch emotionale Instabilität und Impulsivität ab. Erkrankte erleben häufig starke Gefühls- und Stimmungsschwankungen, welche als unerträglich erlebt werden. Oft passiert

---

[5] Borderline ps e.V., 2017

es, dass diese Erkrankung mit selbstverletzendem Verhalten und Drogenmissbrauch einhergeht, da die Betroffenen sich Linderung der inneren Anspannung erhoffen. Zusätzlich besteht eine Ambivalenz zwischen dem Wunsch nach Geborgenheit und der Angst sozialer Nähe. Gleichzeitig liegt der Wunsch nach Bestätigung und Anerkennung vor, obwohl der Erkrankte meist starke Probleme im Bereich der Selbstwahrnehmung und des Selbstwertgefühls hat. Dies führt zu Unsicherheiten im sozialen Bereich und wieder zu Anspannungszuständen. Ein chronisches Gefühl von innerer Leere ist bei Erkrankten ein täglicher Begleiter und es wird eine Qual diese zu füllen. Der Begriff „borderline" selbst, heißt übersetzt: Grenzlinie. Dies hat seinen Ursprung, da bei dieser Art der psychischen Störung sowohl neurotische, als auch psychotische Störungen aufzufinden sind. Wenn man eine Borderline-Störung diagnostiziert, muss auf das Erfüllen bestimmter Kriterien geachtet werden. Laut DSM-IV sind diese:

1	das verzweifelte Bemühen, reale und imaginäre Einsamkeit zu verhindern
2	ein Muster instabiler und intensiver zwischenmenschlicher Beziehungen
3	Identitätsstörungen, Instabilität des Selbstbildes oder des Gefühls für sich selbst
4	Impulsivität in mindestens zwei selbstschädigenden Bereichen (zum Beispiel: Sexualität, Substanzmissbrauch, Essverhalten)
5	Suiziddrohungen, -andeutungen oder –versuche, selbstverletzendes Verhalten
6	affektive Instabilität
7	Chronisches Leeregefühl
8	Schwierigkeiten der Impulskontrolle, starke Wut
9	Paranoide Vorstellungen, schwere dissoziative Symptome

Tabelle 4: Kriterien zur Beurteilung einer Borderline-Persönlichkeitsstörung
(eigene Darstellung)

Werden fünf dieser neun Kriterien erfüllt, kann man von einer Borderline-Persönlichkeitsstörung sprechen. [6]

Die Ursachen einer Borderline-Erkrankung ist dabei eine umfangreiche Mischung aus natürlichem Temperament, traumatischen Kindheitserfahrungen und einer Dysfunktion im biologisch/neurologischen Bereich. Davon ausgehend wurde ein dreiteiliges Entwicklungsmodell einer Borderline-Persönlichkeitsstörung erarbeitet. Man geht davon aus, dass ein Umweltfaktor, ein konstitutioneller Faktor und ein Auslöser benötigt wird. Der Umweltfaktor wird hierbei noch einmal nach Schweregrad des jeweiligen Traumatas untergliedert. Somit wird beispielsweise zwischen unglücklichen Erfahrungen in der Kindheit wie Scheidung, verbale/emotionale Misshandlung und körperlicher Misshandlung/sexuellem Missbrauch unterschieden. Die konstitutionellen Faktoren werden ebenso noch einmal unterteilt. Es wird zwischen familiären Neigungen zu diversen Störungen im psychiatrischen Bereich und der biologischen/neurologischen Fehlfunktion unterschieden. Liegen aus beiden Bereichen die nötigen Kriterien vor, kann es mit dem passenden Trigger schnell in Richtung Borderline-Erkrankung gehen. [7]

In den Medien liest man immer wieder, dass vor allem Persönlichkeiten des öffentlichen Lebens dieser Erkrankung erliegen. Viele kommen aus einem schwierigem Umfeld mit zerrütteten Familien und sexuellem Missbrauch. Sind zusätzlich noch biologische und neurologische Fehlfunktionen vorhanden, ist die Grundlage einer psychischen Erkrankung gelegt. Sucht ist bei einer Borderline-Erkrankung ein häufiges Symptom. Ebenso Störungen im sexuellen Bereich und es herrscht ein chronisches Leeregefühl. Man könnte somit sagen, dass der Ausspruch Sex, Drugs and Rock'n'Roll einen Nährboden gefunden hat. Es wird exzessiv gelebt. Unter Schauspielern hört man immer wieder von Drogenmissbrauch und häufig wechselnden Sexualpartnern. Es wird ungehemmt gelebt und vor allem auch sehr ausschweifend. Zusätzlich kann man durch das Spielen verschiedener Rollen immer wieder aus seinem eigenen Teufelskreis ausbrechen und sich für kurze Zeit neu erfinden. Man nimmt verschiedene Persönlichkeiten an, die eben nicht diese Probleme haben und identifiziert sich dann mit ihnen. Es wird sich neu erfunden und man versucht Abstand zu dem eigenen Selbst zu finden, welches einen durch ein häufig

---

[6] Monks-Ärzte im Netz, 2017
[7] Borderline ps e.V., 2017

niedriges Selbstwertgefühl nicht viel bedeutet. Durch die Anerkennung in den Medien und durch Millionen von Fans kann die innere Leere kurz gefüllt und der Wunsch nach Bestätigung erfüllt werden. Es verschwindet womöglich auch kurz die innerlich herrschende Einsamkeit. Man ist beliebt, wird geschätzt und verehrt. Der vorherrschende Selbsthass wird kurz betäubt, da man auf großen Bühnen von einer Masse von Menschen bejubelt wird und für sein Schaffen Preise erhält. Man erlebt es auch immer wieder, dass Prominente versuchen sich selbst immer wieder zu übertreffen, immer wieder in den Schlagzeilen zu sein und auf immer neue Wege versuchen, sich die Anerkennung und den Jubel von Fans zu besorgen. Der Wunsch nach Liebe und Wertschätzung ist nahezu grenzenlos. Dieses öffentliche Leben eignet sich besonders für eine Borderline-Persönlichkeitsstörung. [8]

Betrachtet man sich beispielhaft die Schauspielerin Marilyn Monroe genauer, kann man auch in ihrem Leben Ursachen und Symptome einer klassischen Borderline-Erkrankung festmachen.

Sie wuchs ohne Vater auf und wurde Opfer sexuellem Missbrauchs. Ihre Mutter war immer wieder in psychiatrischer Behandlung. Die ursächlichen Umweltfaktoren waren somit gegeben und auch die familiäre Krankheitsgeschichte weist psychische Erkrankungen auf. Somit ist die Grundlage der Erkrankung ersichtlich. Man liest häufig, dass ihr Lebensweg unter anderen Umständen zu einem noch früheren Tod oder einer stationären, psychiatrischen Behandlung hätte führen müssen. Die biologischen Voraussetzungen und Umweltfaktoren haben dies grundsätzlich begünstigt. [9]

Richtet man seinen Blick auf das Leben Marilyn Monroes, erkennt man immer wieder einige der Kriterien, die laut DSM-IV vorhanden sein müssen. Ihr Leben war gezeichnet von sexuellen Affären und wechselnden Partnern. Drogeneskapaden und Alkoholmissbrauch finden sich auch immer wieder und eine Instabilität ihrer Selbst wird häufig beschrieben. Sie wird oft als sprunghaft und impulsiv dargestellten und ebenso gibt es Berichte über Suizidversuche. Man findet einige der vom DMS-IV vorgegebenen Kriterien in ihrem Leben wieder. Zudem ist sie selbst bei mehreren Ärzten aufgrund psychischer Leiden in Behandlung gewesen.[10]

---

[8] Taubitz, U., 2006
[9] Kamolz, K., 2002
[10] Vgl. Rollyson, C.:2014

Aufgabe D2

Was ist der lexikalische Ansatz und wie kann die Faktoranalyse beschrieben werden?

Der lexikalische Ansatz beschreibt die Annahme, dass sich Adjektive, welche wichtige Züge der Persönlichkeit beschreiben, in dem Vokabularium einer jeden Sprache festgesetzt haben. Diese Theorie wird auch als Sedimentationshypothese bezeichnet. Durch Analysen der Sprache können Erkenntnisse über die jeweilige Persönlichkeitsstruktur gewonnen werden. Der Fachbegriff hierfür ist psycholexikalische Hypothese. Schon im Jahre 1884 durchforstete Sir Francis Galton Wörterbuche nach Ausdrücken und Worten, die individuelle, persönliche Unterschiede näher beschreiben. 1926 systematisierte Ludwig Klages erstmalig die Hypothese, dass sich aussagekräftige Personenmerkmale im allgemeinen Sprachgebrauch finden lassen müsse. Einige Jahre später legte Baumgarten dann als erste eine wissenschaftliche Arbeit vor, die über 1000 Adjektive, die Persönlichkeitsmerkmale näher beschreiben, in der deutschen Sprache nachwies. Es wurde somit nachgewiesen dass Eigenschaften der Persönlichkeit durch Adjektive in einer Sprache repräsentiert werden. Der Name dieses Ansatzes begründet sich auf der schlichten Tatsache, dass in Lexika und Wörterbüchern nachgeschlagen wurde. Nach und nachgab es immer mehr lexikalische Studien, die sich mit diesem Thema befassten. Alle nachgewiesenen Worte wurden dann zu einer Menge zusammengefasst und mit Hilfe der so genannten Faktorenanalyse analysiert. Das Ergebnis hiervon war, dass solche Nachforschungen vermehrt in ein faktoranalytisches Persönlichkeitsmodell mündeten. Das bekannteste ist hierbei das Fünf-Faktoren-Modell oder auch Big Five Taxonomie oder OCEAN-Modell genannt. [11] [12]

Nachfolgend solle die Faktorenanalyse erläutert und einige dieser Persönlichkeitsmodelle näher beleuchtet werden.

---

[11] Vgl. Rauthmann, J., 2014
[12] Spektrum Akademischer Verlag, 2000

Die Faktorenanalyse bezeichnet eine ganze Reihe von statischen Verfahren, die experimentell gewonnene Daten, Testdaten oder Korrelation interpretieren lässt. Ähnlich wie bei anderen Analyseverfahren, beispielsweise der Diskriminanzanalyse, werden aus den Linearkombinationen der quantitativen Variablen Funktionen gebildet. Diese werden dann als Faktor bezeichnet. Diese Umformung erfolgt jedoch nicht mehr mit der Maßgabe einer optimalen prognostischen Trennung bezüglich qualitativ abhängiger Variablen sondern konzentriert sich darauf, eine große Menge an Variablen auf eine kleiner Zahl von aus diesen Variablen gebildeter Faktoren zu reduzieren. Diese entstehenden Faktoren werden dann als kausales Konstrukt, welches hinter den jeweiligen Variablen steht, fingiert. So repräsentieren sie dann Gemeinsamkeiten dieser empirischen Variablen. Man kann sich also die Ergebnisse wie folgt vorstellen. Es liegt eine Korrelationsmatrix vor. Diese beinhaltet die Interkorrelation aller Variablen. Die daraus entstehenden Informationen kann man anschließend in zwei Größen teilen. Größe A, die Kommunalität, gibt die Gemeinsamkeiten einer Variable mit allen anderen berücksichtigten Variablen an. Größe B, der Messfehleranteil oder Spezifität, gibt an, welchen Teil jede Variable mit sich selbst gemeinsam hat. Die Kommunalität ist die relevantere Größe und wird anschließend mit Hilfe einer Linearkombination zu Faktoren gebündelt. Letztendlich können so viele Faktoren gebildet werden, wie Variablen zur Verfügung stehen. Ziel ist es jedoch, weniger Faktoren als Variablen zu bilden. Die Stärke des entstehenden Faktors geht aus der Faktorladung hervor. Diese gibt an, wie stark die Variable linear bestimmt wird. Diese Beeinflussung kann sowohl positiv als auch negativ sein und liegt zwischen -1.0 und +1.0. Die Faktorladung gibt also den partiellen und vereinheitlichten Regressionskoeffizienten dar, der vom Faktor hin zur Variable läuft. Die nachfolgende Abbildung veranschaulicht die von der Faktorenanalysen erbrachten Ergebnisse noch einmal genauer.

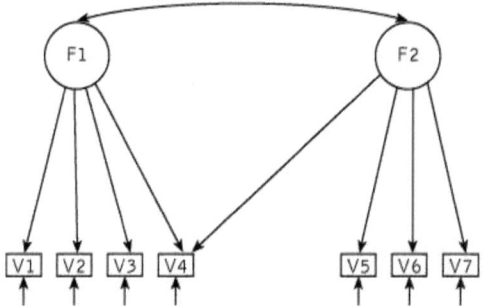

Abbildung 1: Dependenzgefüge bei der Faktorenanalyse
(Spektrum Akademischer Verlag, 2000)

Die Kästchen V1 bis V7 stehen für die erhobenen Variablen und die Kreise F1 und F2 symbolisieren die Faktoren. Die Faktorladungen werden durch die von unten auf die Variablen zugehenden Pfeile veranschaulicht, Spezifität und Faktorkorrelation durch die gebogenen zwischen den Faktoren. An Variable 4 erkennt man, dass Variablen auch von beiden Faktoren beeinflusst werden können. Dieser Zustand ist jedoch nicht erwünscht und es wird eine Einfachstruktur angestrebt. Jede Variable soll nur durch einen Faktor geladen werden.

Verkürzt kann man sagen, dass eine Faktoranalyse in fünf Schritten abläuft. Schritt 1 ist die grundsätzliche Entscheidung darüber, ob sich eine Korrelationsmatrix für die Faktoranalyse eignet. In Schritt 2 wird die anfängliche Kommunalität geschätzt. Im nächsten Schritt, Schritt 3, werden die Eigenwerte aller Faktoren, also der Zahl der Variablen, ermittelt und entschieden, wie viele dieser Faktoren notwendig sind. Im vorletzten Schritt werden mit Hilfe von Faktorrotation kaum interpretierbare Faktoren in einfach strukturierte umgewandelt. Im letzten Schritt werden letztlich die Faktorwerte berechnet und bestimmt. [13]

Es gibt einige Persönlichkeitsmodelle die sich diesem Analyseverfahren bedienen. Nachfolgend sollen drei von ihnen kurz erläutert werden.

Ein Persönlichkeitspsychologisches Modell ist die Theorie von Raymond Bernard Cattell. Er war ein maßgeblich daran beteiligt, statistische Ansätze zu entwickeln um zu versuchen, Persönlichkeitsstrukturen zu vereinfachen

---

[13] Spektrum Akademischer Verlag, 2000

14

und zu objektivieren.[14] Die Grundlage seines Modells stützte sich auf Kategorien von Wörtern, die bereits zu vor von Allport und Odbert im Rahmen derer psycholexikalischen Studie ermittelt wurden. Sie gruppierten presönlichkeitsrelevante Begriffe in mehrere Kategorien. R. B. Cattell legte das Augenmerk seiner Forschung jedoch auf die so genannten "personal traits", welche ungefähr 4500 Worte umfassten, und "passing activities and temporary states", welche einen Wortumfang von in etwa 100 Worten betrugen. [15] Letztendlich gruppierte er die Adjektive und bewertete Personen im Hinblick auf deren Eigenschaften und kombinierte diese mit Hilfe der Faktoranalyse. Schlussendlich ergaben sich für ihn 16 Persönlichkeitseigenschaften. Nachfolgend werden diese genannt und näher in Dichotomien erläutert:

- kontaktfreudig – reserviert (Wärme)
- mehr – weniger intelligent (logisches Schlussfolgern)
- emotional stabil – emotional instabil (emotionale Stabilität)
- durchsetzungsfähig – demütig (Dominanz)
- unbekümmert – sachlich (Lebhaftigkeit)
- gewissenhaft – eigennützig (Regelbewusstsein)
- wagemutig – schüchtern (soziale Kompetenz)
- gefühlvoll – robust (Wachsamkeit)
- fantasievoll – pragmatisch (Abgehobenheit)
- überlegt – unbefangen (Privatheit)
- besorgt – gelassen (Besorgtheit)
- experimentierfreudig – konservativ (Offenheit für Veränderung)
- selbstgenügsam – gruppengebunden (Selbstgenügsamkeit)
- kontrolliert – spontan (Perfektionismus)
- angespannt – entspannt (Anspannung) [16]

[14] Vgl. Friedeman, H. S./Schustack, M. W./Rindermann, H., 2004, S. 334
[15] Vgl. Amelang, 2006, S. 276
[16] Vgl. Friedman et al., 2004, S. 339

Zusätzlich gibt es noch fünf Sekundärfaktoren. Diese umfassen folgende Dimensionen:

- Kontaktbereitschaft
- Normgebundenheit
- Unabhängigkeit
- Belastbarkeit
- Entschlussbereitschaft

Alle Skalen werden letztendlich auf wieder fünf Aspekte interpretiert:

- soziales Verhalten
- emotionale Reaktion
- Arbeitsverhalten
- allgemeiner Verhaltensstil
- Verhalten in Problemsituationen [17]

Eine weitere Theorie ist die von Hans Jürgen Eysenck. Für ihn sollten die Dimensionen nicht nur biologischen Ursprungs sein, sondern auch die menschliche Anpassung an die Umwelt berücksichtigen. [18] Er stütze sich in seinem Modell auf drei Dimensionen. Die erste Dimension war die der Persönlichkeit. Diese schließt die von Cattell festgelegten Faktoren Kontaktfreudigkeit und Durchsetzungsvermögen mit ein. Die zweite Dimension, der Neurotizismus, umfasst die emotionale Instabilität und Angstbereitschaft. Die dritte und letzte ist der Psychotizismus. Dahinter verbirgt sich die Tendenz zur Impulsivität, Grausamkeit und Psychopathologie. Diese dritte Dimension umfasst auch Cattells Faktoren Realismus und Scharfsinn. [19] Dieses Modell wird auch aufgrund der Anzahl und des weiten Einflussspektrums als "Giant Three" bezeichnet. [20]

Costa und McCrae erweiterten dieses Modell zum "Big Five". Es gibt fünf Faktoren, die als Persönlichkeitsmerkmale durch empirische Forschungen als am besten nachgewiesen gelten. Die lexikalische Hypothese ist dabei der

[17] Vgl. Hossiep, R./Paschen, M./Mühlhaus, O., 2000, S.108 ff.
[18] Vgl. Amelang, 2006, S. 264
[19] Vgl. Gerrig/Zimbardo /Graf, 2011, S. 508
[20] Vgl. Amelang, 2006, S. 264

Forschungsansatz. [21] Es er gaben sich letztendlich fünf Persönlichkeitsfaktoren. Mit diesen versucht man einen gesunden Menschen zu charakterisieren. Sie sind dauerhafte Eigenschaften und wirken sich in konkreten Situationen direkt auf das Verhalten aus. [22] Neurotizismus beschreibt die Neigung zu Ängstlichkeit, Trauer und emotionaler Labilität, die Extraversion, die Neigung zum Optimismus und Geselligkeit, mit dem Gegenspieler Introversion, der Neigung zur Scheu, die Offenheit für Erfahrungen und der Neigung zur Interesse an Neuem und Wissbegier, die Verträglichkeit, also die Neigung zu Zusammenarbeit und Entgegenkommen und schlussendlich die Gewissenhaftigkeit, die Neigung zu Leistung, Disziplin und Zuverlässigkeit. [23]

---

[21] Spektrum Akademischer Verlag 2000
[22] Dr. Merkle, R., 2008-2017
[23] Spektrum Akademischer Verlag 2000

Aufgabe D3

Was ist Intelligenz und wie wird sie gemessen?

In den letzten Jahrhunderten wurde der Bedeutung und der Definition von Intelligenz immer mehr Aufmerksamkeit geschenkt. Dies hat zur Folge, dass zum heutigen Tage eine Vielzahl unterschiedlicher Konzepte und Theorien vorliegen, welche sich vor allem darin unterscheiden, ob es eine generelle Intelligenz gibt oder sie lediglich die Summe einzelner und unabhängiger Fähigkeiten ist. [24]

Unter Intelligenz versteht man im Allgemeinen die Befähigung zum Denken und der generellen Lösung von Problemen welche unbekannter Art sind, das heißt noch nicht durch die automatisierte Handlungsroutinen erlernter Erfahrungen gelöst werden können. Zusätzlich sollen jene Lösungsverhalten ökonomisch, rational und sinnvoll sein. Weitere Definitionen stützen sich auf die eben genannten Aspekte, bemerken jedoch, dass Intelligenz sowohl aufgaben- als auch bereichsspezifisch betrachtet werden muss. [25]Generell wird sie als die kognitive Leistungsfähigkeit eines jeden Einzelnen definiert. [26]

Nachfolgend werden zwei dieser Vielzahl von Modellen näher beleuchtet und verglichen. Dabei handelt es sich um die "Zweifaktoren-Theorie" von Charles Edward Spearman und dem "Primärfaktorenmodell" von Louis Leon Thurstone. Beide Theorien stützen sich auf die Faktorenanalyse unterscheiden sich jedoch inhaltlich grundsätzlich.

Spearmans Theorie setzt voraus, dass alle kognitiven Leistungen aus zwei Seiten bestehen. Zum Einen aus einem generellen Intelligenzfaktor und zum Anderen aus einem oder mehreren weiteren Intelligenzfaktoren, welche für das Lösen spezifischer Aufgaben notwendig sind. Somit stellt es eine Funktion aus zwei Faktoren dar. [27]

---

[24] Vgl. Asendorpf, J. B./Neyer, J. F.: 2012, S. 145
[25] Vgl. Schneider, M./Hasselhorn, M., 2008, S. 15
[26] Vgl. Asendorpf, J. B. Neyer, J. F.: 2012, S. 145
[27] Vgl. Asendorpf, J. B. Neyer, J. F.: 2012, S. 149

Wenn man Spearmans faktorenanalytische Modell der Intelligenz genauer betrachtet bedeutet dies, dass es bei jeder Intelligenzleistungen einen Generalfaktor (g-Faktor) und spezifische Faktoren (s-Faktor) gibt. [28]

Zwei-Faktoren-Theorie der Intelligenz
(Spearman 1904)

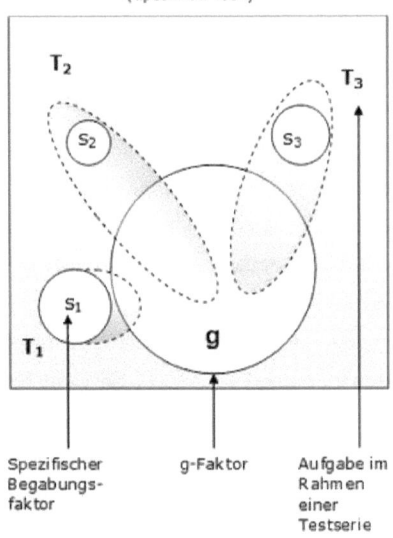

(nach: Hofstätter 1957, ©teachSam)

Abbildung 2: Zweifaktoren-Theorie
(Darstellung Hofstätter 1957)

Er geht davon aus, dass jeder Mensch eine Grundintelligenz besitzt und zusätzlich die Fähigkeit spezieller geistiger Leistungen. Dieser g-Faktor ist somit an jeder Art von geistiger Leistung beteiligt, wohingegen der s-Faktor immer nur bei speziellen Leistungen wirksam wird. Löst man zum Beispiel im Rahmen einer Testserie Aufgaben aus verschiedenen Bereichen, wird bei allen Aufgaben der Generalfaktor beansprucht jedoch immer nur ein spezifischer Faktor, der Aufgabe betreffend. [29]

---

[28] Spektrum Akademischer Verlag, 2000
[29] Vgl. Gould, S. J.: 1988, S. 288-300

Thurstone hingegen richtet sich gegen einen generellen Intelligenzfaktor. Er betrachtet Intelligenz als bereichsspezifische Organisation, welche aus mehreren Einzelfähigkeiten besteht. In seinem Modell stützt er sich hierbei auf sieben Primärfaktoren und war der erste multifaktorielle Ansatz der Intelligenzforschung.[30] Diese sieben Faktoren bezeichnet er wie folgt:

Faktor M	Gedächtnis, Merkfähigkeit
Faktor N	Rechengewandtheit, elementare Rechenfähigkeit
Faktor P	Wahrnehmungsgeschwindigkeit
Faktor R	Schlussfolgerndes/abstraktes Denken
Faktor S	Raumvorstellung
Faktor V	Sprachliches Verständnis
Faktor W	Wortflüssigkeit

Tabelle 5: Die Sieben Primärfaktoren

(eigene Darstellung nach Rost)

Er ging davon aus, dass eine jede intellektuelle Leistung durch mehrere unterschiedliche Primärfaktoren bestimmt werden. Beispielsweise benötigt man um eine sprachliche Analogie zu lösen zwar die Faktoren R und V, jedoch nicht S und N. Er glaubte, mit seiner Theorie und dem Nachweis dieser Faktoren Spearmans Theorie vollständig widerlegt zu haben. [31]

Intelligenz ist ein immer interessantes Thema in der heutigen Gesellschaft. Man versucht sie zu messen um sich zu profilieren und Menschen untereinander abzugrenzen. Das gebräuchlichste Maß ist dabei der sogenannte Intelligenzquotient (IQ). Er gibt die intellektuelle Leistungsfähigkeit eines Einzelnen an und ist ein reines Vergleichsmaß. Der durchschnittliche Intelligenzquotient ist auf 100 festgesetzt. Ebenso wird die Intelligenzverteilung normiert. Diese liegt zu circa 68 % bei 85 bis 115. Wird ein Intelligenzquotient von über 130 festgestellt, so spricht man von Hochbegabten. Diese tauchen circa zwischen zwei bis drei Prozent auf eben wie die Minderbegabten mit einem IQ von unter 70. Der Intelligenzquotient ist jedoch kein absolutes Maß. Er spiegelt eine relative Position der Testperson wider. Aus diesem Grund werden spezielle Normwerte berücksichtigt wie zum Beispiel Alter, Abschluss,

---

[30] Vgl. Maltby et al.: 2011, S. 521
[31] Vgl. Rost, D. H..: 2015, S.134

Geschlecht. Diese erlauben eine Einordnung in einen individuellen IQ. [32] Um den Intelligenzquotienten zu messen gibt es eine Reihe unterschiedlicher Testverfahren. Tests einer gewissen Qualitätsstufe weisen jedoch drei Merkmale auf, die einst von Sattler identifiziert wurden. Es werden eine Vielzahl unterschiedlicher Aufgaben gestellt die eine Breite der kognitiven Leistung erfassen. Ein Intelligenztest ist standardisiert und genormt. Ohne diese Vorkehrung wäre ein Bezug auf eine Stichprobe nicht möglich. [33] Typische Vertreter sind so genannte psychometrische Tests die sich auf ein Intelligenzmodell stützen. Die meisten Arten stützen sich auf einen g-Faktor und der Berechnung eines allgemeinen Intelligenzquotienten. Dazu gehören zum Beispiel die Wechsler-Tests. Diese testen Allgemeinwissen, Kopfrechnen, Matrizen ergänzen, Mosaike legen, Zahlen nachsprechen und das Finden von Gemeinsamkeiten. Der Intelligenzstrukturtest stützt sich jedoch auf Thurstones Modell und es werden schlussfolgerndes Denken und Merkfähigkeit getestet.[34]

Die Frage ist, kann man diese Ergebnisse für zukünftige Szenarien nutzen. Intelligenztests werden auf verschiedenen Gebieten angewendet. Diese sind Selektion, Diagnostik und Evaluation. Die Aussagekraft wird jedoch in erster Linie auf Erfolg in Schule und Beruf untersucht. Mit Hilfe von Intelligenztests kann man schulische Leistungen vorhersagen. Die Längsstudie von Deary im Jahre 2007 ergab, dass zukünftige Leistungen von Schülern vorhergesagt werden konnten. Die Testergebnisse korrelierten mit den Schulleistungen. [35] Aus diesem Grund werden Intelligenztests auch häufig eingesetzt um Arbeitserfolg oder schulische Leistungen zu beurteilen. Sie bieten die beste Vorhersagekraft für jene zukünftigen Situationen. Auch schon eine Metaanalyse von Schmidt und Hunter im Jahr 1998 zeigte, dass die allgemeine Intelligenz mit späterem Erfolg korreliert. Zusätzlich kann man mit Ihnen auch mögliche Störungen in Teilen der Leistung feststellen oder Hochbegabte herausfiltern. Dadurch ist eine individuelle Förderung der einzelnen Kinder besser gesichert und Bedürfnisse können besser ausgemacht werden. [36] Somit zeigt sich, dass der Einsatz von Intelligenztests Sinn macht, wenn man späteren schulischen oder auch beruflichen Erfolg untersucht und vorhersagen möchte.

---

[32] Spektrum Akademischer Verlag, 2000
[33] Vgl. Maltby et al., 2011, S. 562 ff.
[34] Rupp. C., 2014
[35] Vgl. Maltby et al., 2011, S. 564
[36] Rupp, C.,2014

Literaturverzeichnis

Amelang, M.: Psychologie und Persönlichkeitsforschung, 6. vollständig überarbeitete Auflage, Stuttgart 2006

Asendorpf, J. B./Neyer, F. J.: Psychologie der Persönlichkeit, mit 110 Tabellen, 5. vollständig überarbeitete Auflage, Berlin 2012

Berking, M./Rief, W.: Klinische Psychologie und Psychotherapie für Bachelor, Band I: Grundlagen und Störungswissen Lesen, Hören, Lernen im Web, Berlin/ Heidelberg 2012

Ecker, W.: Persönlichkeitsstörungen. S. 524-532, In: M. Linden/M. Hautzinger (Hrsg.): Verhaltenstherapiemanual, 6. Auflage 2008

Friedman, H. S./Schustack, M. W./Rindermann, H.: Persönlichkeitspsychologie und differentielle Psychologie, 2. aktualisierte Auflage, München 2004

Gerrig, R. J./Zimbardo, P. G./Graf, R.: Psychologie, 18. aktualisierte Auflage, München 2011

Gould, S.J.: Der falsch vermessene Mensch, Suhrkamps Taschenbuch, wissenschaftlicher Band 583, 1988

Hossiep, R./Paschen, M./Mühlhaus, O.: Persönlichkeitstests im Personalmanagement, Grundlagen, Instrumente und Anwendungen, Göttingen 2000

Laux, L.: Persönlichkeitspsychologie, Grundriss der Psychologie Band 11, Stuttgart 2008

Maltby, J./Day, L./Macaskill, A.: Differentielle Psychologie, Persönlichkeit und Intelligenz, 2. aktualisierte Auflage, München 2011

Rauthmann, J.: Lexikalischer Ansatz, In M. A. Wirtz (Hrsg.): Dorsch – Lexikon der Psychologie, 18. Auflage, Bern 2014

Rollyson, C.: Marilyn Monroe: A Life of the Actress, Revised and Updated, University Press of Mississippi 2014

Rost, D. H.: 2015, Das Konstrukt der Intelligenz, In D. H. Rost (Hrsg.): Intelligenz und Begabung, Unterricht und Klassenführung, S. 11-45, Münster

Schneider, M./Hasselhorn, M. (Hrsg.): Handbuch der Pädagogischen Psychologie, 2008

Internetquellenverzeichnis

Borderline **ps** **e.V.** **(2017):** Diagnostik
URL: http://www.borderline-plattform.de/index.php/diagnostik (13.06.2017,
22:43 Uhr

Borderline **ps** **e.V.** **(2017):** **über** **Borderline**
URL: http://www.borderline-plattform.de/index.php/%C3%BCber-borderline
(13.06.2017, 22:44 Uhr)

Kamolz, **K.** (2002): Der Fall Monroe
URL: http://www.kamolz.at/cgi-bin/page.pl?id=17 (13.06.2017, 22:47 Uhr)

Dr. **Merkle,** **R.** (2008-2017): Big Five Persönlichkeitsmerkmale
URL: https://www.palverlag.de/lebenshilfe-abc/big-five-persoenlichkeit.html
(13.06.2017, 23:10 Uhr)

Monks-Ärzte im Netz (2017): Diagnostik der Borderline-Persönlichkeitsstörung
URL: https://www.neurologen-und-psychiater-im-netz.org/psychiatrie-
psychosomatik-psychotherapie/stoerungen-erkrankungen/borderline-
stoerung/diagnostik/ (13.06.2017, 22:37 Uhr)

Rupp, C. (2014): Intelligenz – Teil 4: Was messen IQ-Tests und worin besteht
ihre   Berechtigung?
URL: https://psycholography.com/tag/korrelation-intelligenz-schulnote/
(13.06.2017, 23:02 Uhr)

Spektrum Akademischer Verlag (2000):Lexikon der Psychologie, Zwei-
Faktoren-Theorie   der   Intelligenz
URL: http://www.spektrum.de/lexikon/psychologie/zwei-faktoren-theorie-der-
intelligenz/17360 (13.06.2017, 22:54 Uhr)
Spektrum Akademischer Verlag (2000): Lexikon der Psychologie, Intelligenz
URL: http://www.spektrum.de/lexikon/psychologie/intelligenz/7263 (13.06.2017,
22:56 Uhr)

Spektrum Akademischer Verlag (2000): Lexikon der Psychologie, Big Five Persönlichkeitsfaktoren
URL: http://www.spektrum.de/lexikon/psychologie/big-five-persoenlichkeitsfaktoren/2360 (13.06.2017, 23:04 Uhr)

Spektrum Akademischer Verlag (2000): Lexikon der Psychologie, Faktorenanalyse
URL: http://www.spektrum.de/lexikon/psychologie/faktorenanalyse/4670 (13.06.2017, 23:04 Uhr)

Taubitz, U. (2006): Psychopathen im Rampenlicht
URL: http://www.deutschlandfunkkultur.de/psychopathen-im-rampenlicht.950.de.html?dram:article_id=133871 (13.06.2017, 22:46 Uhr)

BEI GRIN MACHT SICH IHR WISSEN BEZAHLT

- Wir veröffentlichen Ihre Hausarbeit,
  Bachelor- und Masterarbeit

- Ihr eigenes eBook und Buch -
  weltweit in allen wichtigen Shops

- Verdienen Sie an jedem Verkauf

Jetzt bei www.GRIN.com hochladen und kostenlos publizieren